Wie Tiere Schlafen Gehen

Titel des Buches: Wie Tiere Schlafen gehen

Deutsche Übersetzung: Jennifer Richmond

Originaltitel: How Animals say Goodnight © 2024

by Power of Yet LLC Deutsche Ausgabe ©

20204 by Esther Cordova

Erste Auflage: 2024

Giraffen rollen sich zum Schlafen zusammen

und sinken für 20 Minuten in einem Traum.

Den Rest des Tages stehen sie und dösen,

während sie auf Blättern und Zweigen kau'n.

Schlangen haben durchsichtige Lider, wer hat sich das bloß ausgedacht? Wenn du einer begegnest, siehst du stehts ihre Augen, ganz egal, ob sie schläft oder wacht.

Bis zu elf Stunden schlafen Pinguine, aber wie sie

es machen ist wirklich verrückt. Sie kuscheln

zusammen um warm zu bleiben aber schlafen

immer nur ein paar Sekunden am Stück.

Auf einem Bein schlafen Flamingos, also

kann es so schwer nicht sein. Versuch du es

auch mal – Augen zu, Fuß hoch Schlaf aber

besser nicht dabei ein.

Die Delfine würden am liebsten

den ganzen Tag in den Wellen rumtollen.

 Im Schlaf bleibt eine Gehirnhälfte wach,

weil sie auch dann Luft holen sollen.

Schimpansen bauen sich Betten aus Zweigen und
schlafen dort ganze neun Stunden lang. den Rest der
Zeit brauchen sie zum Spielen und Toben sie machen,
was sie wollen, ganz ohne Zwang.

In den unendlichen Weiten der Savanne suchen
Elefanten nach Fressen den Magen zu füllen
dauert oft lange, da kann man auch mal das
Schlafen vergessen.

In Seetang gekuschelt lässt sich der Seeotter

beim Schlafen auf dem Rücken treiben.

Während er so schwerelos träumt, ist er

sicher vor seinen Fressfeinden.

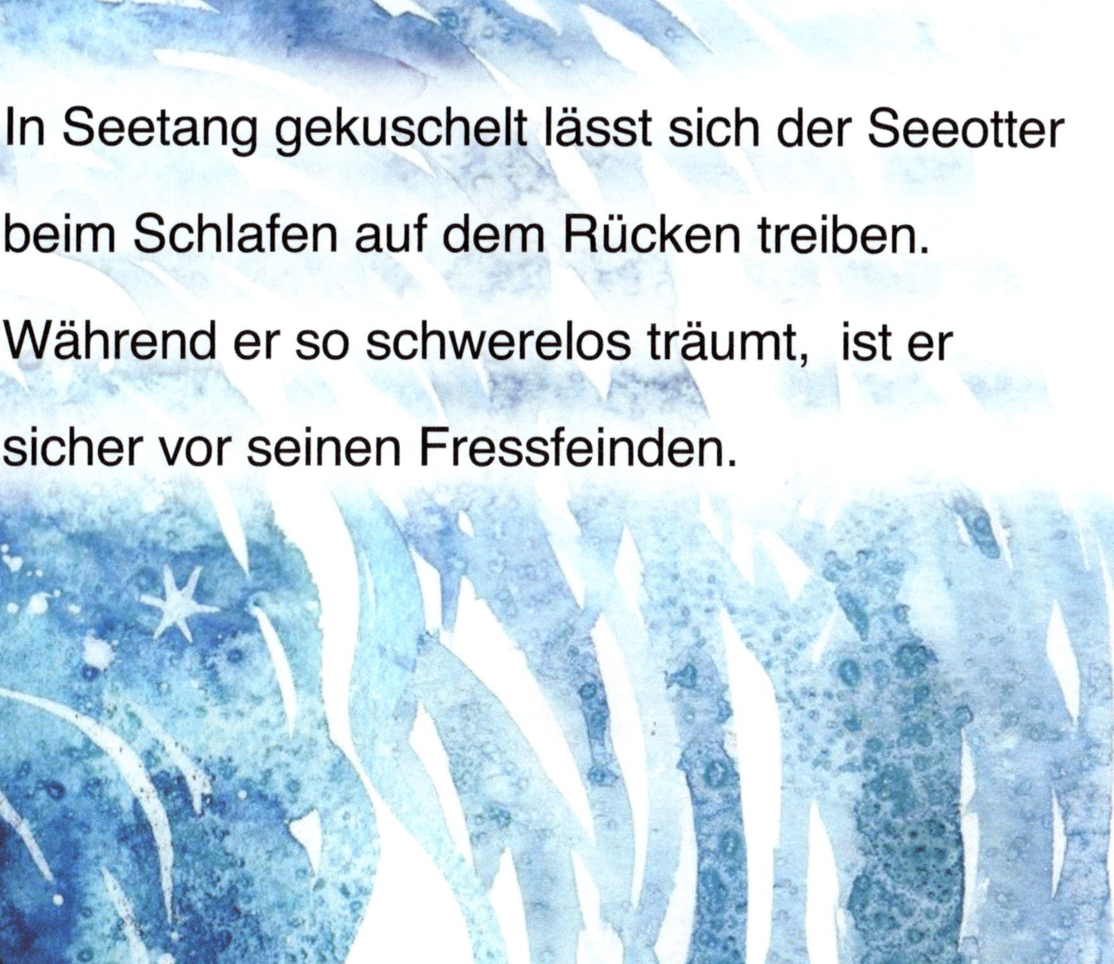

Wenn Walrosse wandern bleiben sie

manchmal ganze drei Tage wach.

Danach schlafen sie 19 Stunden

auch bei dem allerlautesten Krach.

Im Winter und wenn es sehr trocken ist, bleibt die Schnecke in ihrem Haus. Mit Geduld und ganz viel warten kommt sie manchmal erst nach drei Jahren raus.

Träumst du manchmal davon zu fliegen
unter den Sternen in der Nacht?
Albatrosse können beim Fliegen schlafen.
Mensch, wer hätte das gedacht.

Pottwale halten Nickerchen egal ob die See ruhig
ist oder Stürme toben dafür lassen sie sich
senkrecht in den Wellen treiben immer mit dem
Kopf nach oben.

Ob Beeren, Fisch oder auch Honig,

dem Braunbär ist egal was er frisst.

Dann verkriecht er sich in seiner Höhle

und schläft dort bis wieder Frühling ist.

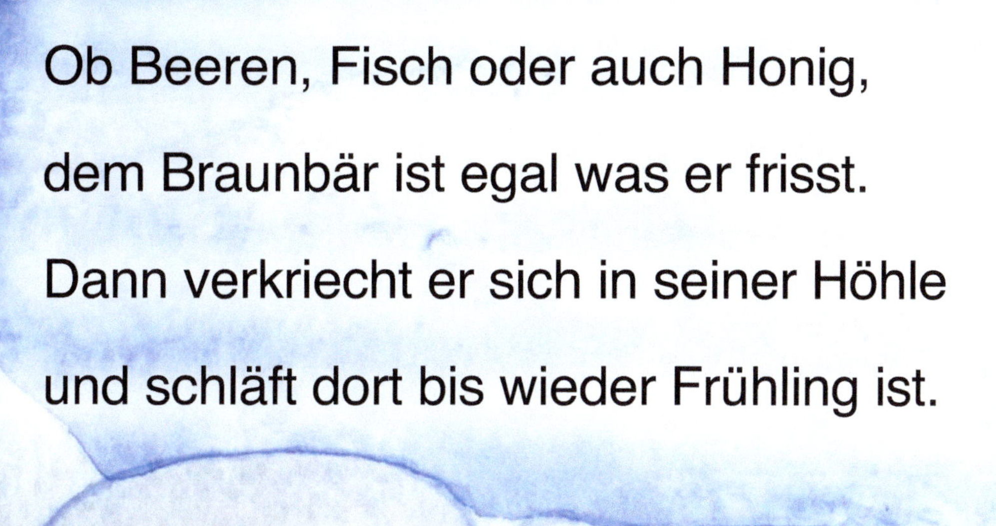

Enten schlafen gerne in Gruppen die in der

Mitte schlafen, die außen passen auf.

Außerdem schläft nur das halbe Gehirn,

diesen Trick hat nicht jeder drauf.

Fledermäuse krallen sich mit den Füßen kopfüber an der Decke fest. Im Winter schlafen sie mehrere Wochen, wenn man sie dabei ungestört lässt.

Jetzt weißt du, wie die Tiere schlafen, jeder
wie er es am liebsten mag. Träum jetzt auch
du und freu dich auf morgen und einem neuen
spannenden Tag.

www.ingramcontent.com/pod-product-compliance
Lightning Source LLC
LaVergne TN
LVHW071659180726
843512LV00002B/491